JOVAN CVIJIĆ:

Les mouvements métanastasiques

dans la Péninsule des Balkans.

(Avec une carte.)

Extrait du « Monde Slave »
N° 1 — 1ᵉʳ Juillet 1917

Paris
19 / 21, rue Cassette (6ᵉ)

Les Mouvements métanastasiques dans la Péninsule des Balkans.[1]

La grande invasion des tribus slaves, au début du Moyen-Age, est le point de départ de la distribution et de la formation des peuples des Balkans, de même que la grande invasion des Barbares le fut pour l'Europe centrale et occidentale. Mais la Péninsule balkanique connut une seconde invasion, celle des Turcs, à la fin du XIVᵉ siècle. Elle en fut bouleversée : et il en résulta de nombreuses migrations des peuples balkaniques, qui tantôt restèrent dans le cadre de la Péninsule et tantôt le débordèrent, principalement du côté du Nord. Ces migrations se produisirent pendant toute la durée de la domination turque, c'est-à-dire pendant plus de quatre siècles.

Au début de l'invasion turque, une partie de la population chrétienne des plaines et des bassins se retira dans les régions montagneuses. Mais, en même temps, et plus tard, les migrations prirent des directions différentes et souvent toutes contraires. Elles commencèrent à la fin du XIVᵉ siècle, prirent toute leur ampleur à la fin du XVᵉ et au XVIᵉ et atteignirent leur maximum aux XVIIᵉ et XVIIIᵉ. Elles ne cessèrent pas après la libération des Etats balkaniques, mais reprirent au contraire, surtout après l'affranchissement de la Serbie au début du XIXᵉ siècle. Elles affectèrent toute la population balkanique, mais, en général, les régions méridionales moins que les contrées septentrionales et centrales.

---

1. *Reproduction d'une des leçons du cours professé à la Sorbonne, durant l'année 1916-17, par M. Cvijic, professeur de géographie à l'Université de Belgrade.*

C'est chez les Serbes qu'on constate la plus grande mobilité. On peut distinguer les grandes migrations, avec plusieurs dizaines de mille émigrants, et les petites, qui se faisaient par familles. Ces dernières étaient continues. Sur l'emplacement d'une population qui avait émigré, s'installaient de nouveaux venus, parfois d'une autre langue et d'une autre nationalité. Les pays de population très dense se transformaient, par l'émigration, en pays de population clairsemée ; les villages et les églises délaissés étaient parfois envahis par des forêts et des broussailles. Tous les groupes ethniques de la Péninsule étaient presque constamment en mouvement. Quelquefois les migrations se rassemblaient et se concentraient: on vit alors se former ces courants puissants qui franchirent les frontières de la Péninsule et de l'empire turc pour se déverser sur les pays chrétiens avoisinants. Le plus grand nombre se dirigea vers les pays yougoslaves de l'Autriche-Hongrie et vers la Dalmatie; les autres, moins puissantes et moins nombreuses, aboutirent en Transylvanie et dans la Russie méridionale. Quelques courants serbo-croates et albanais traversèrent l'Adriatique et s'installèrent en Italie. Depuis un siècle et demi, la plupart de ces migrations se sont dirigées vers la Serbie moravienne, qui constitue ainsi avec la Croatie, la Dalmatie et la Hongrie méridionale, une région de colonisation récente. Dans chacun de ces pays, une grande partie de la population, souvent plus de la moitié, est venue du Sud et de l'Ouest. En Serbie, l'ancienne population n'entre que pour une partie insignifiante dans le total de la population d'aujourd'hui.

Pour caractériser les migrations dont je parle, pour les différencier d'une part, des invasions et des grandes migrations du début du Moyen-Age, de l'autre, des migrations qui s'opérèrent au cours des conquêtes et de l'agrandissement territorial des Etats balkaniques, entre le IX° siècle et l'invasion turque, et pour en mieux faire ressortir le caractère et la grande importance ethnique, je les désignerai d'un nom spécial : mouvements métanastasiques (du mot grec *metanastasis,* qui signifie changement d'habitats).

Au cours de mes voyages d'études dans la Péninsule, j'ai constaté la grande importance de ces mouvements métanastasiques pour l'ethnographie balkanique et pour la composition des groupes ethniques au sein d'un même peuple. Il est clair qu'aucune étude sur l'homme et les groupes ethniques (géographie humaine, anthropologie, ethnographie, dialectes) ne peut être entreprise avec fruit sans une connaissance préalable des origines de la population. Les documents historiques ne fournissent sur ces migrations que des renseignements insuffisants. Mais les traditions sur l'origine de la population sont encore partout très vivantes. En remontant à quelques générations, on connaît très bien ses aïeux, leur origine et leurs déplacements. Il existe même des livrets de famille (*citulja*) où sont inscrits les noms des ancêtres et notés les événements importants de leur vie. C'est dans les pays où s'est maintenu le régime patriarcal de la tribu et de la *zadruga* (communauté de famille) que ces traditions se sont le mieux conservées. On a pu compléter les renseignements ainsi fournis par ceux qui résultent de l'étude de la *Slava* (la fête du patron des familles,) des prénoms, des dialectes, des coutumes, etc... Ces recherches ont été poursuivies et organisées, en connexion avec d'autres études de géographie humaine et d'ethnographie, à l'Institut de Géographie de l'Université de Belgrade. De nombreux collaborateurs ont fait des enquêtes en Serbie, en Herzégovine, au Monténégro, en Bosnie, en Macédoine, dans les pays yougo-slaves de l'Autriche-Hongrie. On s'est proposé de faire le « levé » des changements d'habitats, comme on fait un levé topographique ou géologique. Cette grande enquête s'est continuée pendant vingt années, de sorte que nous connaissons aujourd'hui l'origine de la plupart des familles des régions centrales et occidentales de la Péninsule. Une carte a été dressée, à l'échelle du 200.000 (1), montrant l'origine de chaque famille dans presque tous les villages de la Serbie.

Nous commenterons les résultats ainsi obtenus en parlant de l'ethnographie et de la psychologie des peuples balkaniques, et nous rechercherons aussi alors les causes de ces déplacements. Pour le moment, nous ne nous proposons que de déterminer les principaux courants métanastasiques, et de dégager l'influence des caractères géographiques sur ces changements d'habitat et sur la répartition nouvelle des peuples et des groupes ethniques de la Péninsule.

Les déplacements et les changements d'habitat les plus nombreux qui se soient produits dans la Péninsule, la Grèce exceptée, ont eu lieu vers le Nord, moins par les routes longitudinales que par les routes transversales (2).Ces dernières, parcourues par de nombreux essaims d'émigrants, se transformèrent à l'époque turque en véritables *voies de migrations*. On connait bien les vallées transversales et les *cols métanastasiques* par où se déversèrent vers le Nord les populations des régions centrales et dinariques. Ces voies dessinent les courants de migrations. Mais les émigrants se dirigeaient rarement d'une seule traite des pays d'origine ou *pays-ruches,* d'où la population essaimait comme d'une ruche, vers ceux où ils voulaient s'installer, vers les *pays de colonisation.* Pour des causes multiples, ils s'arrêtaient un ou deux ans, parfois une dizaine d'années, dans quelque contrée intermédiaire, près des routes transversales, et parfois même un peu à l'écart de ces routes: ce sont les *pays de séjour temporaire.* Telles furent les contrées de Sjenica et de l'Ibar supérieur (région de Kolasin) pour les émigrants des pays dinari-

---

(1) *Cette carte est restée dans une ville de la Serbie envahie.*

(2) *Les communications longitudinales sont les lignes: Morava-Vardar, Morava-Marica, et les routes de Bosnie (Mitrovica-Kossovo vers Sarajevo); les communications transversales, celles de l'Adriatique vers la Péninsule et les cols des Balkans.*

ques ou ceux de Kossovo qui se dirigeaient vers la Serbie moravienne. Cette partie de la Serbie, le pachalik de Belgrade, fut d'autre part une étape pour ceux qui passaient la Save et le Danube. Mais presque tous évitaient les routes de la Morava.

***

Régions dinariques et centrales. — Dans les pays occidentaux et centraux de la Péninsule, on peut distinguer quatre principaux courants de migration :

1° *Le courant dinarique,* le plus puissant de tous. Il prenait naissance dans les pays dinariques. Son origine était en général dans les territoires de la Raska et de la Zeta du Moyen-Age ; mais les régions les plus actives, les vrais pays-ruches, étaient l'Herzégovine, le Monténégro et la contrée de Sjenica. Le courant dinarique se ramifiait en trois branches. La principale se dirigeait vers la Serbie moravienne par les routes transversales et se déversait dans ce pays par les cols et par les portes métanastasiques de ' Mokragora, de Kokin Brod, de Javor et de Raska. De moindre importance étaient les passages de la Drina, ceux de Raca, de Sepak, de Zvornik et de Bajina Basta, parce que la traversée de ce fleuve puissant et rapide était difficile. Ce sont surtout ces émigrants dinariques, qui ont peuplé la Sumadija, le pays entre Morava et Drina. Ce pays, d'un relief peu accusé, mais assez varié, un des plus fertiles de la Péninsule, était couvert de grandes forêts de chênes et de hêtres. On le nomma pour cette raison Sumadija (*Suma,* forêt). Il fut moins opprimé à cause de sa position périphérique, éloignée de Constantinople, et à cause de sa population ardente et vigoureuse, quoique clairsemée : elle n'admettait pas au milieu d'elle l'établissement des Turcs. A la fin du XVIIIe siècle, le pachalik de Belgrade jouissait même d'une sorte d'autonomie. De nombreux immigrants s'installèrent dans les clairières de la Sumadija. Ce fut, dans la Péninsule, le premier pays qui se libéra des Turcs. Au début du XIXe siècle, il attira presque tous les courants de migration du bloc continental de la Péninsule. Mais le courant dinarique ne peupla pas la vaste plaine de la Morava : cette contrée, en partie marécageuse, ne convenait pas à ces montagnards ; elle fut occupée par d'autres courants de migration. Les dinariques franchirent la plaine de la Morava sans s'y arrêter, et se dispersèrent dans quelques régions montagneuses de la Serbie orientale, entre la Morava et le Timok.

Une autre branche, presque aussi puissante que celle qui aboutissait en Serbie, se dirigea par des vallées longitudinales de la Bosnie, franchit la Save et se déversa dans la Croatie-Slavonie et partiellement dans la Syrmie. Il atteignit Zumberak aux frontières de la Croatie et de la Carniole, puis Ptuj (1) et même les environs de Ljubjana (2) en Carniole, où ces émigrants, isolés, se convertirent, comme d'ailleurs beaucoup d'autres en Croatie et en Dalmatie, à la religion catholique. Les descendants de ces émigrants dinariques forment aujourd'hui plus de la moitié de la population de la Croatie-Slavonie. Les anciens habitants slaves de la Slavonie et de la Croatie actuelles se retirèrent en partie dans la Carniole. Les autres, avec les émigrants dinariques, franchirent la Drave, se dispersèrent dans la Hongrie occidentale, atteignirent même les environs de Vienne et pénétrèrent jusqu'en Moravie.

Une troisième branche moins importante que les précédentes, se dirigea vers l'ouest sur la Dalmatie, en utilisant les routes transversales et les cols et les portes métanastasiques de Prolog, de Narenta, de Krstac, et d'autres encore. Elle atteignit les îles de l'Adriatique et l'Istrie. Presque toute la population des Bouches de Cattaro provient des émigrants du Monténégro et de l'Herzégovine. Favorisés par les Vénitiens qui avaient besoin de ces Uskoks (réfugiés) pour protéger leurs frontières dalmates contre les Turcs, ces émigrants

---

(1) *En allemand Pettau.*
(2) *En allemand Laibach.*

renforcèrent considérablement la population serbo-croates de Dalmatie. Plus tard, ces Serbo-Croates pénétrèrent dans les villes de la Dalmatie et s'assimilèrent les derniers groupes de population vénitienne ou slave superficiellement italianisée.

Enfin, une branche très faible du courant dinarique se dirigea par la route de Bosnie et par des cols et les vallées transversales de Zleb, de Bistrica, de Pec et de Decani vers les grands bassins de Metohija et de Kossovo, d'où avait émigré la majeure partie de la population serbe.

2° Dans ces dernières contrées se forma le *courant métanastasique de Kossovo*, un des plus anciens de la Péninsule. Ses migrations commencèrent vers la fin du XVIe siècle et ne cessèrent que de nos jours.

Ce que nous appelons le courant métanastasique de Kosovo embrasse les migrations de toute la région entre Skutari et le Kopaonik, c'est-à-dire celle de l'ancienne population serbe de la Zeta inférieure, de Metohija, des environs de Prizren et de Kosovo. Ce courant, jusqu'à la vallée de la Morava, suivit exclusivement les routes transversales, surtout la route de Zeta. Il pénétra dans la Serbie moravienne par de nombreux cols situés entre la vallée de l'Ibar et celle de la Morava méridionale, surtout ceux de Pilatovica et de Blazevo dans le Kopaonik, de Prepolac et de Mrdare qui unissent la vallée du Lab et de la Toplica, le col de Lisice, d'autres encore. Les émigrants d'une partie de la Metohija (la contrée de Pogdor) s'écartèrent de cette direction principale en franchissant le col de Mokragora et en s'arrêtant dans le pays de Kolasin (l'Ibar supérieur), région montagneuse, en dehors des communications, bien abritée et habitée par une vigoureuse population dinarique. De là, ils passèrent les cols de la montagne Rogosna, pour éviter le groupe de population islamisée de la vallée de l'Ibar, en aval de Mitrovica, et atteignirent Raska sur Ibar ou les cols du Kopaonik. Avant que les Albanais ne se fussent installés dans la vallée du Lab (en 1878), le principal courant de migration se dirigeait par cette vallée et la vallée supérieure de la Toplica. Là, il se ramifiait en deux branches. La principale rejoignait les courants des cols du Kopaonik en formant un courant puissant qui a peuplé une série de bassins de la Serbie moravienne: la contrée de Zupa du Kopaonik, celles de Temnic et de Levac et jusqu'à un certain point la vallée de la Morava. Ce dernier fleuve fut franchi lui-même par les émigrants qui s'installèrent dans la vallée de Resava et dans tous les bassins de la Serbie Orientale, au Nord de la montagne Rtanj. Au contraire des émigrants dinariques, ceux de Kosovo n'occupèrent que les plaines et les pentes des bassins, et ne pénétrèrent que rarement dans les hautes vallées des montagnes. Ce courant puissant a donné encore quelques dérivations insignifiantes qui se dispersèrent dans la Sumadija et jusqu'à la Drina.

Les émigrants de Kosovo qui se séparèrent des précédents et qui furent renforcés par ceux qui traversèrent les autres cols au Sud du Lab ne formèrent pas à proprement parler un courant spécial. Ils se dispersèrent dans les vallées des affluents de la Morava méridionale (Toplica, Jablanica, Pusta Reka, Veternica) et autour de ce fleuve en particulier entre Leskovac et Vranje. Ils franchirent même le fleuve et s'installèrent dans les environs de Nis et surtout à l'est de Nis dans le bassin de Zaplanje.

3°. — Le courant de Kosovo se confondait dans la vallée de la Morava avec le courant *vardarien* ou méridional, qui s'est dispersé en particulier dans cette vallée. Il était formé par des émigrants du bassin du Vardar, au Nord de Djevdjeli (au sud de Djevdjeli, la population resta presque fixée au sol), mais surtout par des émigrants de la Macédoine Occidentale, originaires de Prilep, de Monastir, d'Ohrid, de Debar (1). On y trouve associés des réfugiés serbes d'Albanie, qui s'étaient installés dans ce pays à l'époque de l'invasion slave et pendant la domination serbe, surtout au XIV° siècle. Et enfin il comprenait aussi une grande partie de l'ancienne population de la Morava méridionale.

______

(1) Dibra *en turc et en albanais.*

Il suivait la route Vardar-Morava. Mais, à l'inverse des courants précédents, il ne se propagea, sauf quelques exceptions insignifiantes, que par des mouvements lents. Les émigrants n'étaient ordinairement que quelques familles, qui changeaient d'habitat en s'avançant toujours vers le Nord, jusqu'à Belgrade — où ils forment encore aujourd'hui la majorité de la population du faubourg de Palilula, — Smederevo (1), Grocka et Gradiste sur le Danube. Ils ne s'éloignaient que rarement de la vallée de la Morava pour pénétrer dans les larges vallées inférieures de ses affluents.

4°. — Les deux courants de Kosovo et du Vardar, formèrent avec l'ancienne population de la Serbie moravienne de nouveaux courants très puissants qui franchirent la Save et le Danube et se déversèrent dans la Hongrie méridionale parmi l'ancienne population serbo-croate établie dans cette région depuis le temps des grandes invasions et renforcée par quelques migrations serbes insignifiantes du Moyen-Age.

Les documents historiques font mention de huit migrations principales depuis la fin du XIVe siècle jusqu'à la fin du XVIIIe. Toutefois, la migration la plus importante de la fin du XVIIe siècle, qui se composait de 37.000 familles, se forma sur le territoire de Metohija et de Kosovo; mais, en traversant la Serbie moravienne, elle entraîna, avec une partie de l'ancienne population, celle qui provenait des nouveaux courants métanastasiques, même du courant dinarique. Ce sont ces migrations qui ont peuplé le Banat, la Backa, la Syrmie et une partie de la Slavonie orientale. A l'est de la Hongrie, ces émigrants traversèrent même le fleuve Moris (2) et s'installèrent dans les environs d'Arad, de Vilagos, de Batanja, de Pecka, etc... à Lugos et Karansebes. Un groupe très ancien d'émigrants serbes, originaires de la Crna Reka en Serbie, s'est conservé jusqu'aujourd'hui à Krasova, dans le Banat oriental. Au nord de la Hongrie, ils se fixèrent non seulement à

---

(1). *Le Semendria de la littérature historique.*
(2) Maros *en magyar.*

pest et sur l'île de Czepel, mais encore à Szent-
Endre au nord de Budapest et à Komorn. Le
premier chef civil des Serbes émigrés, nommé par
l'empereur d'Autriche (11 avril 1691), fut un Serbe de
Komorn, originaire de Monastir. De la fin du XVIe
jusqu'au milieu du XIXe siècle, on désigna ces contrées
de la Hongrie sous le nom de Rascia, Raska, pour
indiquer l'origine de la population (Czoernig, *Ethnographie,* p. 161).

Il y a donc eu deux courants, différents jusqu'à un
certain point, qui ont peuplé les pays situés au delà de
la Save et du Danube. Dans le Banat, la Backa et la
Syrmie se sont principalement installés les émigrants
venus avec les courants de Kosovo et du Vardar, et
ceux qui appartenaient à l'ancienne population de
la Serbie, parmi lesquels il faut compter un grand
nombre de dinariques. D'autre part, dans la Slavonie occidentale, en Croatie et dans la partie
méridionale de la Carniole, pénétrèrent surtout
les dinariques de la Bosnie et de l'Herzégovine, sans
passer par la Serbie moravienne. Mais ces courants métanastasiques n'étaient pas précisément sépa-
rés. Des émigrants de la Serbie moravienne s'établi-
rent même dans la Slavonie occidentale, tandis que les
dinariques de Bosnie-Herzégovine, et spécialement
dans les dernières dizaines d'années ceux de la Lika,
pénétraient dans les plaines de Syrmie, de la Backa
et du Banat. Un groupe important d'émigrants catholiques de l'Herzégovine, du fleuve Buna et des autres
régions, les *Bunjevci,* s'est fixé dans la Baka septemtrio-
nale, aux environs de Sombor, de Baja et de Subotica
(1). Il forme avec les Serbes orthodoxes la majorité de
la population dans cette dernière ville.

En abandonnant les contrées où s'étaient déroulés
les faits les plus glorieux de l'histoire serbe pour passer
dans la Hongrie méridionale, ces émigrants y apportè-
rent leurs traditions historiques, un sentiment national

---

(1) Szabadka *en magyar,* Maria-Theresiopol *dans les atlas fran-
çais de jadis.*

très vif et une haine profonde des Turcs. C'est d'eux et de l'ancienne population serbo-croate que l'Autriche forma les Confins militáires.

Il est intéressant de noter que, de 1750 à 1752, de nombreuses familles serbes du Banat émigrèrent dans la Russie méridionale, surtout dans les gouvernements de Kherson et Jekaterinoslav. On appela ces contrées la Serbie nouvelle et la Slavo-Serbie. Une partie insignifiante de ces émigrés retourna dans la Serbie orientale, les autres sont aujourd'hui complètement russifiés. Enfin, depuis la libération de la Serbie moravienne jusqu'à nos jours, une migration en sens contraire s'opéra : un certain nombre de familles serbes de la Hongrie méridionale et de la Croatie retournèrent en Serbie. C'est le courant de migration inverse de notre carte.

Il faut enfin noter, parmi les courants de migration intérieure qui ne débordèrent pas les frontières de la Serbie, les déplacements de la population serbe du Timok et du Pek vers la vallée de la Morava inférieure, ainsi que les déplacements des Sopi ou Torlaci vers la vallée de la Morava méridionale et les vallées de ses affluents.

Plate-forme bas-danubienne et bassin de la Marica. — Les courants métanastasiques dans la partie orientale de la Péninsule ne sont pas suffisamment étudiés. D'après ce que nous en connaissons, ils furent moins importants, et presque insignifiants en comparaison des migrations de la partie occidentale et centrale. Les grandes dépressions et les grandes routes du pays bulgare, que pouvaient suivre les migrations, se dirigent vers la Thrace et Constantinople, à travers des contrées habitées par une importante population turque et grecque, et placée, par suite de la proximité du gouvernement central, sous l'étroite influence de l'administration turque. Au Nord, sur la rive gauche du Danube, il n'existait pas de population bulgare qui eût accueilli facilement les nouveaux venus, et ces pays, d'ailleurs, étaient aussi sous la domination turque. Enfin, la partie orientale de la Bulgarie actuelle était habitée par les masses compactes de la population ottomane, qui se trouvaient en outre disséminées dans presque toute la Bulgarie. Il manquait, dans cette partie orientale, une vaste région, sans population turque et abritée par des forêts, comme était la Sumadija pour les Serbes. Certains villages et villes de la Srednja Gora et du Balkan central, qui jouissaient de quelque liberté, ne pouvaient cependant attirer une population très nombreuse par suite de leur altitude et de l'insuffisance des moyens d'existence. Ce furent ces causes qui empêchèrent, dans la partie orientale de la Péninsule, les mouvements métanastasiques de se fondre en un courant unique, comme ils le firent à l'ouest.

Ils ne furent que de moindre importance. La migration caractéristique du pays bulgare fut la migration intérieure, d'un village à l'autre. En outre, les Balkandzis, les habitants des Balkans et de la Srednja Gora, descendirent par les cols et par les routes transversales sur la plate-forme bas-danubienne et dans le bassin de la Marica, et ce mouvement métanastasique n'a pas cessé même de nos jours. Un courant moins important que le précédent se dirigeait le long de la route longitudinale, vers la Thrace et vers la Serbie moravienne, ou dans le sens opposé .C'est par ces migrations que les jardiniers bulgares se sont installés çà et là jusque dans la vallée de la Morava. Au contraire, on trouve des familles originaires de la Serbie moravienne dispersées jusqu'à la ville d'Ihtiman ; de plus, un certain nombre de familles serbes du bassin de Metohija furent transplantées dans la Thrace, aux environs de Kechan et de Malgara (groupes de Bajramic et de Karadzagora).

On a noté une migration bulgare vers la Transylvanie au XIIIe siècle. Il est probable que de petits groupes bulgares ont franchi le Danube dans les siècles suivants. Mais les mouvements métanastasiques de quel-

que importance s'opérèrent surtout à partir du début
du XVIIIe siècle et ne cessèrent qu'avec l'occupation
russe de la Bulgarie en 1877. Presque toutes ces migrations furent la conséquence des guerres russo-turques
et se dirigèrent vers le Banat, la Roumanie, la Bessa-
rabie, la Russie méridionale et vers la Dobrudza.

De la libération de la Bulgarie (1878) jusqu'à nos
jours, se développent deux courants métanastasiques
qui se dirigent de la Thrace, des régions macédonien-
nes et de la Dobrudza vers la Bulgarie. Il s'opéra dans
la partie orientale de la Péninsule le même processus de
peuplement qu'en Serbie après la libération, mais sur
une moindre échelle.

*
* *

Région épiro-albanaise. — A l'inverse des Bulgares, les tribus albanaises opérèrent des mouvements métanastasiques de grande envergure pendant la domination turque. Après l'invasion slave
du VIe siècle, les Albanais se retirèrent dans les montagnes et sur le littoral de l'Albanie ; ils y restèrent
isolés, sans aucune manifestation de vie propre. A cette
époque, ils ne franchissait que par endroits la vallée
du Crni Drim (1) à l'est et la frontière septentrionale
de l'Epire au sud. Même l'Albanie, ainsi limitée, subis-
sait l'infiltration de nombreux immigrants serbes, qui
s'y installèrent durant la longue domination serbe, surtout dans l'Albanie du Nord. Mais, à l'époque
turque, les Albanais témoignèrent presque soudain une
force d'expansion considérable. Je ne puis qu'indiquer
ici les causes principales de ce phénomène intéressant.
Tout d'abord, on remarque, chez les peuples balkaniques, le fait suivant : aux époques où ils restent à
l'écart de la civilisation et où ils se replient sur eux-
mêmes, ils deviennent plus prolifiques. Ce fut le cas
des Albanais, qui restèrent une dizaine de siècles sans
relations avec l'extérieur. En outre, dès le début de la
suzeraineté turque, la majorité des Albanais se conver-

____

(1) *Le* Drin noir *de nos cartes. Les Turcs, les Albanais et les Grecs
disent* Drin, *mais les Serbes* Drim.

tit à l'Islam. Seuls musulmans parmi les peuples balkaniques, ils acquirent une liberté presque absolue et devinrent dominateurs et oppresseurs. C'est par ces deux causes réunies, fécondité et islamisme, que peut s'expliquer la force d'expansion des Albanais.

Les Serbes d'Albanie furent albanisés, excepté ceux du pays de Golob do sur la rive gauche du Drim noir et ceux qui se réfugièrent dans l'intérieur de la Péninsule. En même temps commencèrent les grandes migrations albanaises. On y peut distinguer quatre courants principaux :

1. *Le courant malissore* embrassant les tribus malissores d'origine mixte serbo-albanaise qui habitent les vallées des Prokletije entre Skutari et le bassin de Metohija. Ce courant se ramifia en deux branches, dont l'une se dirigea dans les plaines de Metohija où la population serbe, à la suite de l'émigration vers la Serbie moravienne et vers la Hongrie, était clairsemée. L'autre branche passa par les cols des Prokletije dans la vallée de l'Ibar supérieur entre Rozaj et Ribaric : de là, elle se dispersa à l'ouest de Novi-Pazar et de Sjenica et s'assimila à la population serbe. Quelques groupes de Malissores de religion catholique se convertirent à l'Islam ; mais, mêlés avec les Serbes islamisés, ils adoptèrent la langue serbe, qui d'ailleurs ne leur était pas inconnue. Seuls les Klimenti de Pester, qui s'y installèrent vers 1700 et se convertirent à l'Islam, parlent encore albanais et serbe.

2. Plus important fut le *courant de Dukadjin* qui embrassait la population albanaise du Drim, avec les Mirdites, et celle des contrées de Mati et de Lurja. Ce courant, suivant les routes transversales, surtout la *via di Zenta*, pénétra dans la contrée de la Ljuma, en partie dans les autres vallées de la Sarplanina, dans les environs de Prizren, dans la Metohija et vers Kosovo. Presque tous les émigrants de ce courant ont dû passer par deux ponts, le Vezirov Most sur le Drim et le Ljumski Most près de Ljum-Kula. Dans les pays de colonisation, la plupart des Mirdites catholiques se convertirent à l'islam.

3. Le *courant de Skumbia* embrassait la population de l'Albanie centrale et pénétra par l'ancienne voie romaine, la *Via Egnatia,* dans la Macédoine occidentale. Mais ici, les Albanais trouvèrent une population plus dense et des contrées moins fertiles qui n'excèrent sur eux qu'une faible attraction. En dehors de la *Via Egnatia,* au nord de Struga et d'Ohrid, les pasteurs albanais franchirent le Drim noir et les montagnes élevées et prirent possession de quelques contrées montagneuses autour de Debar en expulsant ou en assimilant les Serbes qui s'y trouvaient Ils pénétrèrent dans le bassin de Tetovo et dans les environs de Skoplje, et en groupes dispersés jusqu'au Vardar.

4. Enfin, le *courant des Tosques,* qui comprenait en particulier les Albanais orthodoxes de l'Albanie méridionale et de l'Epire, se dirigea par la route longitudinale de l'Epire vers la Grèce centrale et même vers le Péloponèse. Il semble que ç'ait été le plus puissant courant de migration albanaise.

Jovan CVIJIC.

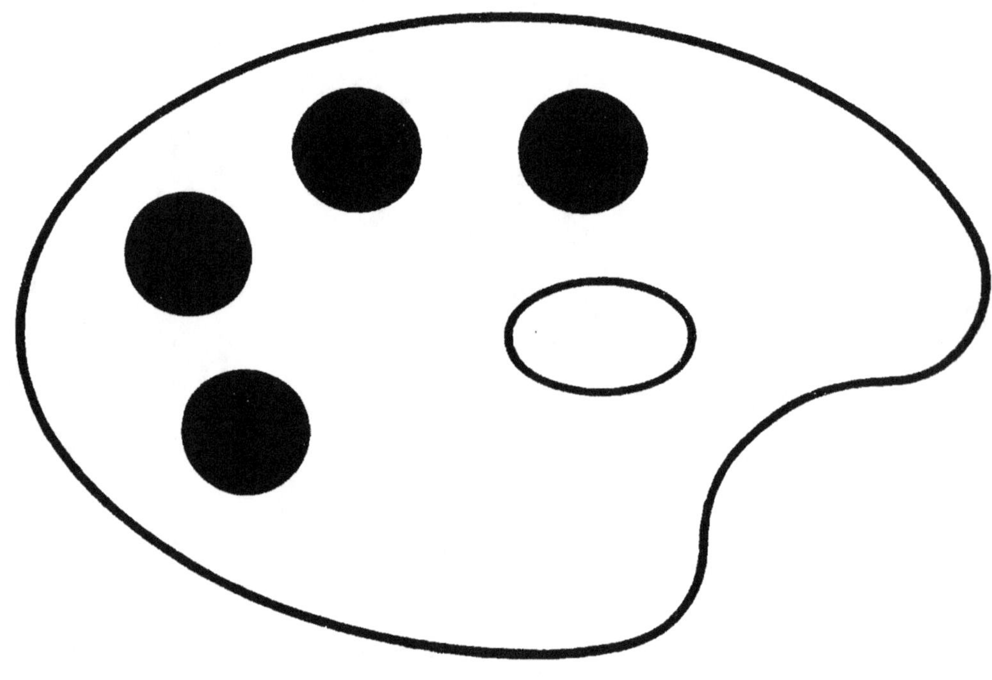

Original en couleur

NF Z 43-120-8

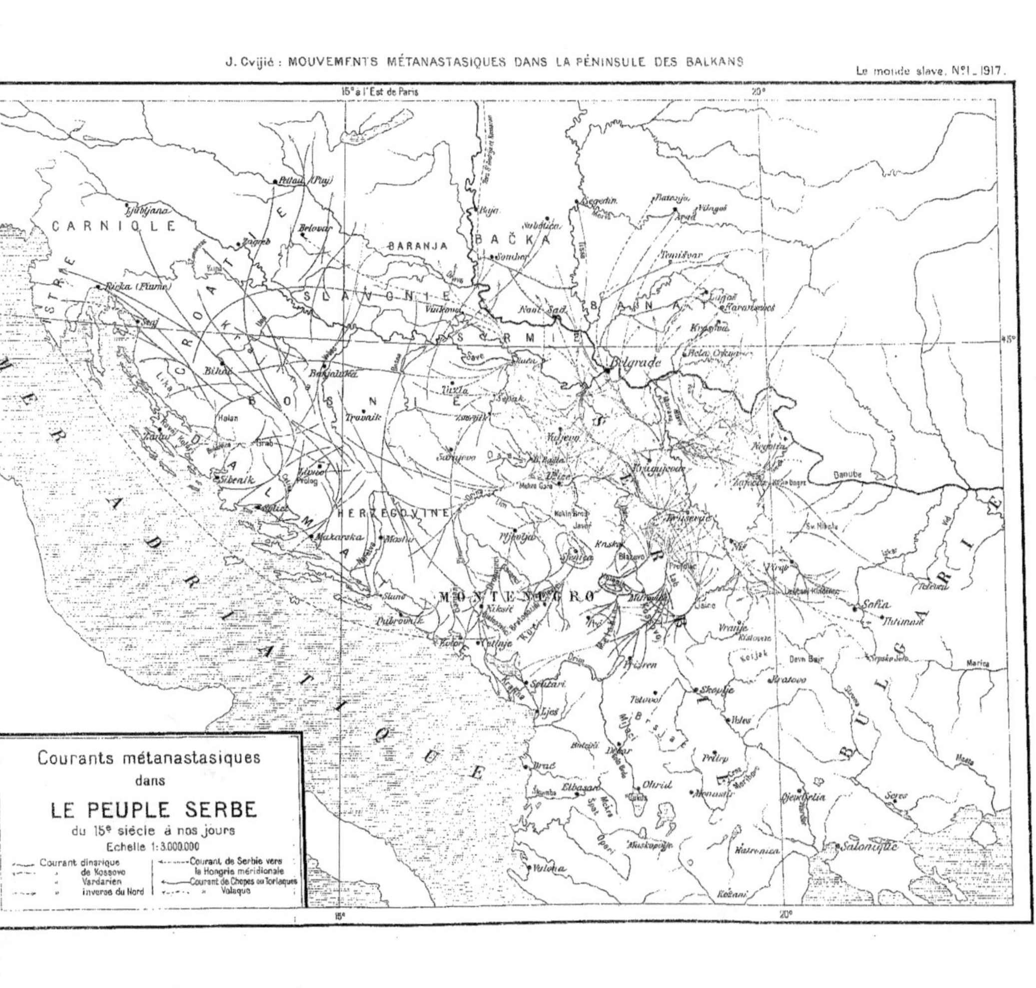

Courants métanastasiques
dans
LE PEUPLE SERBE
du 15e siècle à nos jours
Echelle 1:3.000.000
Courant dinarique
de Kossovo
Vardarien
inverse du Nord
Courant de Serbie vers
la Hongrie méridionale
Courant de Chopes ou Torlaques
Valaque
CARNIOLE
BARANJA
BAČKA
SLAVONIE
SRMIE
BANAT
CROATIE
BOSNIE
HERZEGOVINE
MONTENEGRO
SERBIE
BULGARIE
MER ADRIATIQUE
ISTRIE
Ljubljana
Zagreb
Belovar
Rieka (Fiume)
Senj
Bihać
Banjaluka
Travnik
Tuzla
Sarajevo
Šibenik
Makarska
Mostar
Dubrovnik
Cettinje
Skutari
Scutari
Ljes
Soubotica
Segedin
Arad
Temisvar
Nout-Sad
Belgrade
Valjevo
Kragujevac
Zajecar
Negotin
Danube
Niš
Sofia
Vranje
Prichtina
Prizren
Tetovo
Skoplje
Prilep
Ochrid
Monastir
Salonique
15° à l'Est de Paris
20°
45°

IMPRIMERIE SLAVE
(E. Benes)
182, rue du Faubourg-
Saint-Martin, Paris.